ÉLOGE

HISTORIQUE

DE PARMENTIER

ÉLOGE

HISTORIQUE

DE PARMENTIER

CONTENANT UNE NOTICE SUR OLIVIER DE SERRES;
UNE ANALYSE DE SON *Théâtre d'Agriculture*, ET QUELQUES OBSERVATIONS SUR LA
CULTURE DE LA POMME-DE-TERRE
ET LES MOYENS D'EN PRÉVENIR LA MALADIE,

PAR A.-T. DUMONT (DE BRIOUDE),

Auteur de la *Mosaïque littéraire*; ou Choix de poésies morales. (Album religieux politique et littéraire)

toutes les Sociétés d'Agriculture et à tous les Comices agricoles.

> Dépouillé de toute ambition, l'homme qui aime véritablement son pays se livrera tout entier à la chose publique. Il sera l'homme de l'Etat et de tous les bons citoyens. Cic. *(Traité des Devoirs.)*
>
> Plût à Dieu qu'il n'y eût qu'un seul parti en France, celui du bien public !
> PICARD,
> *L'honnête homme.*

PRIX : 1 FRANC.

PARIS,
DUSACQ, LIBRAIRE-ÉDITEUR,
26, rue Jacob.

RIOM,
F. LEBOYER, LIBRAIRE,
rue St-Amable.

CHEZ TOUS LES LIBRAIRES
ET CHEZ L'AUTEUR, A LANGEAC (HAUTE-LOIRE).

1855.

Propriété de l'Auteur.

RIOM, IMPRIMERIE DE G. LEBOYER, 3, RUE PASCAL.

ÉLOGE HISTORIQUE

DE

PARMENTIER [1].

—❧❦❧—

Messieurs,

Au milieu du spectacle affligeant de nos discordes

[1] Cet Éloge était destiné à être lu à l'une des séances publiques du Comice agricole de Brioude, dont les services sont de plus en plus appréciés, et dont je m'honore de faire partie. Quelques circonstances imprévues s'y étant opposées, je crus devoir livrer mon travail à l'impression. L'*Annonciateur de la Haute-Loire* voulut bien le publier en 1851. (V. le numéro du 24 mars 1851.) Depuis, je l'ai revu avec soin, et j'y ai fait d'importantes additions. Il m'a semblé que dans les temps agités où nous vivons, où tant de nobles caractères s'étiolent faute de principes et d'une bonne direction, il n'était pas de portrait plus utile à reproduire que celui de Parmentier. Puissé-je n'être pas resté trop au-dessous de ma tâche! Pour la remplir de mon mieux, je n'ai reculé devant aucune recherche. J'ai consulté les œuvres mêmes du célèbre économiste dont

civiles, une réflexion vient parfois me consoler, c'est qu'indépendamment des idées morales, qui servent de lien entre toutes les intelligences d'élite, il est encore un terrain commun sur lequel tous les partis, sans distinction, aiment à se rapprocher : c'est celui des intérêts agricoles. Dès qu'il s'agit, en effet, de cette *question vitale*, toutes les préventions s'effacent (1), tout sentiment hostile est hautement répudié, et, en dépit de la différence de drapeau, chacun se souvient, au moins pour quelques moments, que nous sommes tous membres du même corps politique. Cet accord, malheureusement trop restreint, s'explique facilement. Il n'est pas de meilleur *criterium* que l'intérêt bien entendu, et il est évident pour quiconque examine avec soin le mécanisme de la richesse publique, que l'industrie agricole sert de *moteur* à toutes les autres, et qu'elle est pour le monde commercial ce qu'est le soleil pour la nature. Vient-elle à souffrir effectivement? Sa détresse est aussitôt le signal de la perturbation des autres industries. Prospère-t-elle au contraire? Soudain nous voyons toutes les branches du commerce se ranimer comme par enchantement. Mais ce n'est pas là le seul talisman que possède l'agriculture. Qui ne connaît sa prodigieuse influence sur l'état de l'atmosphère, le progrès des arts, l'aménité des mœurs, la sécurité publique, et sur la liberté même? On ne saurait donc vouer trop de gratitude aux hommes

je raconte la vie, généralement trop peu connue, et je me suis fait un devoir de lire avec attention toutes les notices importantes qui ont paru sur lui, de manière à pouvoir en offrir un résumé complet.

(1) Je n'en citerai pour preuve que notre Comice même, dont les membres appartiennent aux nuances les plus opposées, et dont le but est le même, la prospérité de l'agriculture et le bonheur du pays.

utiles, qui ont agrandi parmi nous cette science éminemment civilisatrice. Honneur à Olivier de Serres, à Sully, à Mathieu Dombasles, à Pierre Jauffret et à leurs dignes émules! Honneur encore à Parmentier! On a reproché longtemps à la France de n'être pas assez fière de son Descartes. Gardons-nous de mériter le même reproche à l'égard de l'homme de génie modeste, qui, par la nature de ses travaux et de ses admirables découvertes, est devenu le premier bienfaiteur des classes ouvrières, et par là même du pays. On ne saurait donc, sans manquer de patriotisme, sans se rendre coupable, montrer la moindre indifférence au sujet de Parmentier. Son éloge, obligatoire particulièrement pour nous, ne peut être assez répété, et son buste chéri devrait orner nos palais comme nos chaumières, car sa gloire, que ne ternît aucun nuage, ne périra jamais dans la mémoire des hommes. Telles sont les considérations qui m'ont engagé, malgré toute mon insuffisance, à profiter de cette réunion solennelle pour vous offrir une faible esquisse de ce grand citoyen à qui l'antiquité reconnaissante eût élevé des autels (1).

(1) On ne peut qu'applaudir aux sentiments philanthropiques de l'Encyclopédie au xix⁰ siècle, au sujet de l'horrible détresse, qui pèse depuis plusieurs années sur les classes ouvrières de la Grande-Bretagne et les malheureux paysans de l'Irlande. Mais les sordides spéculations de quelques industriels, ou grands propriétaires étrangers, ne sauraient donner à aucun peuple *le droit de maudire l'invention de Parmentier*, ainsi que le prétend M. Elisée Lefèvre. Citer un pareil paradoxe, c'est le réfuter. Ce n'est point d'ailleurs Parmentier qui a introduit la pomme-de-terre en Irlande. Au contraire, les Irlandais ont été les premiers Européens qui se sont livrés à la culture de cette plante, originaire des Deux-Indes, suivant Parmentier, ou de Quito, selon quelques autres auteurs. C'est Walter-Rawleig qui l'apporta, au 16⁰ siècle, d'Amérique en Irlande, d'où elle passa dans le Lancashire, province maritime d'Angleterre, et de là en Flandre (à

Parmentier (Antoine-Augustin) était originaire d'une petite ville de Picardie, de Mont-Didier, honneur justement envié de nos cités les plus importantes. Il naquit le 17 août 1737 (1), quatre ans après (permettez-moi ce rapprochement) quatre ans après les périlleuses expériences faites pour déterminer la forme de la terre, qu'il était appelé, lui, à fertiliser (2). Sa famille était peu fortunée, mais, ce qui vaut infiniment mieux, elle était honorable. Il perdit son père dès le plus bas âge, et fut ainsi privé, au moment le plus nécessaire, d'un guide précieux que rien ne saurait remplacer. Sa mère fut son premier et à peu près son unique précepteur. C'est elle qui lui apprit à balbutier les premiers mots de la langue latine. Un estimable ecclésiastique, dans ses moments de loisir, ajouta seulement quelque chose à ces connaissances si incomplètes. Tel fut, Messieurs, le point de départ de Parmentier, qui, à l'instar d'un petit nombre d'hommes de génie, dut tout à la nature et à la culture per-

l'époque de nos guerres avec l'Angleterre, en Picardie et autres contrées de la France. Il reste donc bien établi que Parmentier n'est pour rien dans les malheurs des paysans de l'Irlande et des ouvriers de la Grande-Bretagne, et que l'on peut répéter sans crainte avec lui ce qu'il a dit quelque part : « La pomme-de-terre est, de toutes les » productions des Deux-Indes, celle dont l'Europe doit bénir le plus » l'acquisition, puisqu'elle n'a coûté ni crimes, ni larmes à l'huma- » nité. »

V. l'Encyclopédie au xixe siècle, Val. de Bomare, et la Bibliographie agronomique.

(1) M. l'abbé Féler et Boquillou le font naître en 1745. Le Dictionnaire historique, critique et bibliographique, par une Société de gens de lettres, a commis la même erreur.

(2) En 1733, quatre savants Français, Bougner, Godin, de Jussieu et Lacondamine, se rendirent à Quito pour mesurer un degré du méridien sous l'équateur. Camus, Clairaut, Maupertuis et Lemoine allèrent à Tornéo, vers le pôle nord, pour le même objet, afin de déterminer la forme de la terre.   (Amédée Gabourd.)

sonnelle des talents dont elle l'avait doué. Bien que tout
ce qui le concerne ne puisse manquer d'intérêt, je dirai
peu de chose du pénible apprentissage de pharmacien,
qu'il commença d'abord à l'âge de seize ans (1), dans sa
ville natale, et qu'il continua l'année d'après à Paris,
auprès de l'un de ses parents (2) chez lequel, en dépit d'une
franchise alors un peu rude parfois, il sut se faire estimer
de tous ses camarades, transformés comme lui en vérita-
bles garçons de service. Il me suffira sans doute de faire
remarquer que, pendant tout le temps qu'il se prépara à
l'exercice de cette honorable profession, indispensable
auxiliaire de la médecine et de la chirurgie, Parmentier,
protégé par l'amour de l'étude et le souvenir des leçons
maternelles, résista, malgré son jeune âge et son ardente
sensibilité, à toutes les séductions de la capitale. Trois
ans après il fut attaché, grâce à son assiduité au travail,
à l'armée de Hanovre, comme pharmacien des hôpitaux
militaires (3). Distingué bientôt par le célèbre pro-
fesseur Bayen, dont il devint le meilleur ami, et par
M. de Chamousset, intendant général des hôpitaux, il
obtint assez rapidement le grade de pharmacien en second de l'armée. Il ne tarda point à justifier ce choix.
Dans le cours de l'expédition dont je viens de parler,
expédition glorieuse malgré quelques revers, une grave
épidémie vint tout à coup décimer les rangs de nos
valeureux soldats. L'effroi était devenu général. En
digne disciple d'Hypocrate, Parmentier, n'écoutant que
son patriotisme, et tout entier à ses fonctions, s'attacha
avec un zèle infatigable au lit des mourants et des ma-

(1) 1753.
(2) M. Simonnet.
(3) 1757.

lades, et leur prodigua, au péril de sa vie, les secours
de la science ou les consultations de l'amitié. L'épidémie
le respecta et cessa ses ravages. Parmentier n'en fut que
plus dévoué à ses devoirs. Toujours animé du désir d'être
utile à ses frères d'armes, dédaigneux de la sûreté du
laboratoire, il vole sur le champ de bataille, se jette
dans la mêlée, et attaque l'ennemi avec une telle impé-
tuosité, qu'il est pris cinq fois et cinq fois dépouillé par
les Prussiens. Son âme intrépide fut de suite au niveau
de cette situation imprévue. Réduit presqu'à la misère,
plongé dans les cachots, c'était lui qui consolait ses com-
pagnons d'infortune. Sa gaîté était inaltérable. « Il n'y
» a pas de meilleurs valets de chambre que les Prussiens,
» disait-il en riant; personne ne s'entend mieux à dé-
» pouiller. » Aussi, loin de l'abattre, les rigueurs de sa
captivité ne firent que redoubler l'ardeur de ses investi-
gations pour tout ce qui se rapporte à l'agriculture et à
la chimie. Pendant son exil en Allemagne, dont il apprit
la langue, il se lia intimement avec un pharmacien distingué de Francfort-sur-le-Mein, Mayer, dont les en-
tretiens lui inspirèrent la plus généreuse émulation, et
dans lequel il retrouva ses anciens amis Bayen et M. de
Chamousset. Ses rapides progrès dans l'étude de la chimie, qu'il voulut posséder à fond; ses connaissances
vastes et variées, unies à l'élocution la plus facile; la
loyauté de son caractère, rehaussée par les manières les
plus attractives, et son courage dans le malheur, puisé
dans les sentiments religieux les plus purs, lui conqui-
rent, à l'étranger comme en France, de nombreuses et
hautes sympathies. Sur la proposition de d'Alembert, en
effet, le grand Frédéric le désigna pour occuper la chaire
devenue vacante par la mort du célèbre Margraaff,
l'une des plus grandes illustrations de son temps. Mais
n'ayant d'autre ambition que d'enrichir son pays du

fruit de ses veilles et de ses études, il refusa les faveurs
de Frédéric II, et sacrifia une alliance des plus consi-
dérables, la main même de la fille de Margraaff, à son
amour pour la France, dont son cœur ne pouvait se
séparer (1). De retour à Paris, après le traité de paix, en
1763, il reprit ses travaux scientifiques avec toute sa
passion habituelle. En 1766, s'étant présenté à un
concours public, aux Invalides, pour une place de
pharmacien gagnant maîtrise, il ravit ses juges par l'é-
tendue de son savoir et réunit tous les suffrages. L'e-
xactitude et le désintéressement dont il fit preuve dans
ces fonctions, dues à ses talents seuls ; les soins affec-
tueux qu'il prodiguait aux malades ; son culte pour les
sciences et les arts utiles, et sa piété sincère, prouvée par
l'austérité de ses mœurs, lui valurent en peu d'années
la considération de ses supérieurs, et, en 1769, appuyé
par deux personnes influentes, il devint *Apothicaire-
major*. Mais quelque temps après, en dépit de tout son
mérite, il fut dépossédé de ce poste éminent par les
Sœurs de l'établissement, qui revendiquèrent le privi-
lége que leur communauté tenait de Louis XIV. Toute-
fois, en le privant de son brevet, Louis XVI lui laissa, avec
le logement qu'il possédait déjà, une pension de 1,200
francs, qui, proportionnée aux goûts simples de Parmentier, l'affranchissait de ces besoins matériels de l'exis-

(1) D'après l'Encyclopédie au xixe siècle, ce serait la main de la
fille de son ami *Mayer* que Parmentier aurait refusée pour ne pas
abandonner la France. Le sacrifice n'en serait que plus digne d'éloges.

On ne peut trop déplorer les contradictions que l'on remarque dans
la plupart des notices qui ont été publiées sur ce grand homme, tant
sur les faits que sur les dates et les noms. J'ai toujours choisi l'opinion
qui m'a paru la plus accréditée, après la vérification la plus scrupu-
leuse.

tence, si mortels pour l'homme de lettres, et lui permettait de fréquenter régulièrement les cours les plus renommés de la capitale, et de se tenir au courant du progrès de la science. Les herborisations de Bernard de Jussieu (1), le cours de physique de l'abbé Nollet, et les leçons de chimie des frères Rouelle, qui lui rappelaient celles de Mayer, partageaient tous ses moments. Et, qui ne serait pénétré d'admiration ? En même temps qu'il envoyait des secours à sa mère (devoir auquel il ne manqua jamais), il s'imposait souvent des privations pour payer certains de ses maîtres et acheter des livres. Un travail si persévérant produisit les fruits que l'on devait en attendre. Parmentier eut bientôt l'occasion de signaler son génie, et de prendre le rang qui lui appartenait, en acquittant sa dette envers le pays. Ce fut au sujet du prix proposé, en 1772, par l'Académie de Besançon, dans sa constante sollicitude pour tout ce qui intéresse l'humanité, sur la recherche des végétaux dont on peut faire usage, en temps de disette, pour la nourriture de l'homme. L'habile chimiste démontra qu'il existait dans un grand nombre de plantes un principe nutritif plus ou moins abondant et facile à extraire. Son mémoire, élégamment écrit, fut cou-

(1) « Bernard de Jussieu remplaça Vaillant au jardin du Roi en
» 1722 ; c'est par lui que le nom de Jussieu est devenu européen. La
» classification qu'il institua, en 1759, dans le jardin botanique de
» Louis XV, à Trianon, et les indications qu'il fournit à Gérard pour
» la publication de sa *Flore de la Provence,* furent comme l'essai
» de cette méthode nouvelle qui devait changer la face de la science.
» C'est Bernard de Jussieu qui rapporta les deux pieds de Cèdre du
» Liban dont l'un se voit encore dans le grand labyrinthe du Mu-
» séum. »
Né à Lyon en 1699 ; mort le 6 novembre 1777.

(Le Plutarque français. Par Ed. Mennéchet.)

ronné. Depuis cette importante publication , qui aurait dû élever Parmentier aux plus grands honneurs civils, tous ses pas furent marqués par des bienfaits publics (1). Vivement touché du sort des classes ouvrières, dont les hommes d'Etat n'ont pris souci que lorsqu'elles sont venues frapper à leurs portes; persuadé que le premier jalon à établir pour maintenir l'ordre, favoriser la marche paisible du progrès, et relier les citoyens entre eux , c'est d'assurer la subsistance des hommes , Parmentier ne cessa de rechercher, au milieu des préoccupations de son siècle, tout ce qui a rapport à l'alimentation. Ainsi, pendant que quelques disciples de Montesquieu agitaient les graves problèmes de l'économie politique ; pendant que Buffon ravissait au ciel les secrets de la nature et l'art de les exposer ; pendant que Voltaire, après tant de services rendus à la civilisation, et de la même main qui créa Alzire et Zaïre, poursuivait si stérilement pour sa gloire sa lutte acharnée contre le christianisme, et que, d'autre part, une secte insensée, que combattit éloquemment J.-J. Rousseau , s'ingéniait à pervertir l'intelligence et à déshériter l'espèce humaine de ses plus belles destinées, au milieu de ce combat *du bon et du mauvais principe*, en présence de tant de déplorables débats et de l'ignoble corruption qu'expièrent si chèrement, plus tard, les classes qui en étaient infectées, Parmentier avait pris pour tâche de répandre la lumière sur toutes les branches de l'économie rurale et domestique. C'était le meilleur moyen de dissiper le chaos où l'on se trouvait. Il indiqua donc de nouveaux procédés pour conserver les grains et activer leur ger-

(1) Il suffit, pour s'en convaincre, de jeter un coup d'œil sur le Catalogue des ouvrages de Parmentier, qui fait suite à cet Éloge.

mination, publia de savants mémoires sur les eaux minérales et les eaux communes (1), — sur les qualités nutritives et sucrées de la châtaigne (2) et du maïs, — sur les moyens d'entretenir la salubrité dans les hôpitaux militaires et civils, — sur les exhumations (3), — sur la fabrication du sirop de raisin, si bien nommé *le sucre du pauvre*, et connu seulement alors de nos colonies dont nous étions tributaires (4); et, parcourant toute l'échelle des êtres, deux fois rompue, suivant la juste observation de l'auteur de la *philosophie morale*, il écrivit et formula des aperçus aussi neufs que judicieux sur *l'art de guérir les hommes, de prévenir les épizooties, et d'augmenter la subsistance des bestiaux*. Collaborateur actif du *Nouveau dictionnaire d'histoire naturelle*, des *Annales de chimie*, de la *Bibliothèque physico-économique* et du *Bulletin de pharmacie* qu'il enrichit de nombreux articles, ainsi que le *Cours d'agriculture* de l'abbé Rozier, il édita la *Chimie hydraulique* de La Garaye, les *Récréations physiques, économiques et chimiques* de Model, et orna de notes du plus grand prix le théâtre d'agri-

(1) V. ses Vues générales de l'eau considérée comme boisson des troupes, et sa dissertation sur la nature des eaux de la Seine, etc.

(2) Son Traité de la châtaigne, qualifié d'*excellent* par plusieurs savants, renferme les notions les plus exactes sur ce fruit sec, sur la méthode à employer pour le sécher, le dépouiller de ses écorces, le faire cuire et le réduire en farine. L'auteur y démontre qu'on n'en peut pas faire de véritable pain, bien que dans les Cévennes, en Corse et ailleurs, on ait divers moyens de l'apprêter, de lui ôter son âpreté, et de développer sa saveur sucrée. Il y signale encore, ainsi que V. de Bomare, les mauvais effets de ce pain. Son Mémoire sur le maïs fut couronné par l'Académie de Bordeaux.

(3) V. le Catalogue (art. Exhumations).

(4) En apprenant à tirer du sucre du moût de raisin, Parmentier rendit un service immense à la France, à l'époque où les flottes ennemies ne laissaient plus arriver le sucre de canne dans nos ports.

(Encyclopédie au XIXᵉ siècle.)

culture d'Olivier de Serres, presque oublié alors, et dont la lecture avait fait pourtant les délices de Henri IV (1). Contemporain de Monthyon, de l'abbé de l'Epée, et de ce héros si cher à l'Auvergne, dont le buste vient d'être placé récemment à côté de celui de Bailly sur l'un de nos édifices publics, il semble qu'il ait voulu rivaliser de

(1) Olivier de Serres, seigneur du Pradel, en Languedoc (né en 1539, mort en 1619), est le père de l'agriculture française. Son *Théâtre d'Agriculture*, qu'il dédia à Henri IV en 1606, embrasse toute l'économie rurale et domestique. Il est divisé en 8 livres, sous le nom de *Lieux.*

1° Observations pour connaître le terrain qu'on veut acquérir, sur la manière de se loger et de bien conduire son ménage.

2° Instruction sur la manière dont la terre doit être cultivée afin d'avoir toutes sortes de blés et de légumes.

3° Art de planter, de cultiver la vigne, de faire le vin et les autres boissons.

4° Observations sur les bestiaux, les prés, les pâturages et la manière d'élever toutes sortes de quadrupèdes.

5° Instruction sur l'éducation des vers à soie, la culture du mûrier et l'utilité qu'on peut retirer, en général, de l'écorce des arbres, en l'employant à faire des cordages et des toiles pour le service de sa maison. Le poulailler, le pigeonnier, la garenne, le parc, les étangs et les ruches, sont encore l'objet de ce livre.

6° Instruction sur la culture et l'embellissement du jardin et du verger, sur le safran, le lin et le chanvre.

7° Sur l'eau et le bois.

8° Observations sur le traitement des bestiaux, les moyens de conserver les fruits, les distillations, et tout ce qui a rapport à l'économie domestique.

Cet ouvrage, il est vrai, avait été devancé par le *Traité de la terre* de *Bernard de Palissy* (1). Mais c'est le plus complet qui eût paru

(1) Bernard de Palissy est plutôt cité comme chimiste que comme agriculteur, malgré l'utilité de son *Traité de la terre*. Il avait reconnu l'existence de *l'oxigène*, et l'avait bien défini avant les chimistes modernes. Il peignait supérieurement sur verre (art retrouvé et agrandi par MM. Thévenot et Emile Thibaud, de l'Académie de Clermont-Ferrand). On cite de lui deux tableaux en faïence représentant des batailles, qui servaient de parement dans la chapelle du château d'Écouen.

zèle avec ces grands hommes pour le bonheur du genre humain. En effet, il fit en 1774, en compagnie de Cadet de Vaux, un voyage dans l'intérieur de la France (1) pour découvrir les causes de la mauvaise qualité des grains et les inintelligentes traditions locales ; et, pendant les diverses phases de notre grande transformation sociale de 89, comme aux jours de deuil pour la liberté où la France fut déchirée par tant de luttes fratricides, comme sous le gouvernement impérial, Parmentier était absorbé nuit et jour par la recherche des moyens de pourvoir aux besoins de l'existence des hommes, de contribuer à leur bien-être matériel, et de fertiliser la terre que d'autres ne craignaient pas, hélas! d'arroser de sang. C'est ainsi que, fidèle à sa mission de bienfaisance, il perfectionna la meûnerie et la boulangerie, pour lesquelles il fit ouvrir une école pratique qu'il dirigea lui-même,

jusqu'alors, et il a justement valu à son auteur le titre de *Columelle français*. Plein de variété, de profondeur, et d'une forme dramatique, il avait su captiver Henri IV qui, au rapport de J. Scaliger, aimait à se le faire lire pendant ses repas. C'est sur sa demande qu'Olivier de Serres en avait détaché, en 1599, le 15e chapitre du 5e livre, qui fut imprimé sous le titre de la *Cueillette de la soie, par la nourriture des vers qui la font*, et qui fut traduit en Allemand, en 1603. Ce même prince, jaloux d'épargner à la France les *millions* qu'elle versait à l'Étranger pour des étoffes de soie, le chargea de faire une plantation de mûriers blancs dans le jardin des Tuileries. C'est donc à Olivier de Serres que la France doit la culture de cet arbre, ainsi que la manière d'en filer l'écorce. Nous lui devons encore l'usage des prairies artificielles. Le projet de lui élever un monument, qui consacrât sa gloire, devait trouver de l'écho dans toutes les sociétés d'Agriculture. Le Comice agricole de Brioude a souscrit pour une somme presque égale à celle de la Société d'horticulture de Paris. Espérons que la même justice sera rendue à Parmentier, et que les ouvrages de ces deux grands hommes, qui se confondent pour ainsi dire dans la même pensée, seront de plus en plus propagés,

(1) Notamment dans le Poitou.

après en avoir résumé les principes dans un excellent livre, qui se trouvera un jour, n'en doutons point, ainsi que les autres ouvrages de Parmentier, dans toutes les bibliothèques communales. C'est ainsi, qu'embrassant tout à la fois les intérêts des classes inférieures et des classes plus fortunées, il améliora les soupes économiques à la *Rumfort* et le pain grossier du soldat, en même temps qu'il inventa et communiqua gratuitement le secret de fabriquer le gâteau de Savoie, ornement de nos banquets et de nos desserts. C'est à lui, enfin, nouveau Triptolème, c'est à lui que l'on doit la mouture économique, qui, bien que l'on puisse contester quelques-uns de ses avantages, n'en accroît pas moins d'un sixième le produit des farines. Pour prix de tant de services, dont le dernier devrait suffire pour faire de Parmentier un être sacré pour la France, la Bretagne fit frapper une médaille en son honneur, et le Languedoc, province pour laquelle il composa de précieux mémoires sur l'emploi de ses céréales, le récompensa noblement. Mais, je me hâte de le dire, ce qui a le plus contribué à jeter de l'éclat sur son nom, c'est d'être parvenu, plus heureux que Turgot, à donner parmi nous droit de bourgeoisie à la pomme-de-terre proscrite depuis deux siècles, et à la faire adopter comme aliment usuel (1). Ce ne fut pas sans obstacles, comme on le sait (2). La plupart des

(1) Ce tubercule était à peine connu du centre de la France. On le cultivait seulement dans quelques provinces méridionales; mais, comme on l'accusait d'appauvrir le terrain sur lequel on le plantait, et de causer des fièvres, même la lèpre, selon quelques auteurs, on le réservait pour la nourriture des animaux.

(2) *L'examen chimique de la pomme-de-terre*, qu'il fit paraître en 1773, fut accueilli avec défaveur sur tous les points de la France, d'où s'élevèrent les critiques les plus acerbes et les plus passionnées. D'après l'Encyclopédie au xix° siècle, ce serait seulement en 1778 qu'il aurait paru cet ouvrage.)

grands poursuivaient Parmentier de leurs sarcasmes,
ainsi qu'il est arrivé à tant d'autres amis de l'humanité ;
et, ce qui devait l'attrister davantage, c'est que le peuple, se frappant dans l'un de ses bienfaiteurs, dans l'une
de ses gloires, l'accablait aussi d'injures. Le croirez-vous.
Messieurs? comme Démocrite, si bien vengé par l'admiration d'Hypocrate, il était traité de fou, et dans l'en-
traînement des préventions, il tint à très-peu de chose
que l'on ne le jetât de force à Charenton, où certes ceux
qui l'insultaient auraient été beaucoup mieux placés. Il
n'est personne qui ne connaisse le plan ingénieux dont
il se servit pour ramener l'opinion publique. Convaincu
que les meilleures théories ne sont rien sans les faits
qui les justifient, il fabriqua d'abord, sous les yeux de
Franklin, à l'hôtel des Invalides, un pain savoureux
uniquement avec la pulpe et l'amidon de pomme-de-
terre mélangés à égale portion. Puis, il sollicita du Gouvernement cinquante-quatre arpents de terre inculte,
pris au hasard, dans la vaste plaine des Sablons.
Après les avoir obtenus, il y planta des pommes-de-
terre, sans engrais (1). Malgré les circonstances les
plus défavorables, la végétation fut magnifique. Dès
que les fleurs furent venues, connaissant l'influence
toute puissante du Souverain dans une monarchie, il en
présenta lui-même un bouquet à Louis XVI, en le priant
de le porter à sa boutonnière un jour de cérémonie
publique, ce que le prince fit en effet. Il n'en fallut pas
davantage. Tous les courtisans s'en parèrent aussitôt, et il
n'en fut aucun qui ne briguât l'honneur d'être le Mécène
de Parmentier. A la suite d'un second essai, fait encore sous
ses auspices, dans la plaine de Grenelle, et du Mémoire

(1) Bibl. agronomique.

lumineux qu'il publia sur ces deux épreuves, les préventions de la capitale commencèrent à s'évanouir (1).
Pour compléter sa démonstration et universaliser, d'a-
près l'expression usuelle, sa *noble découverte* — qui
réclame encore son nom, en dépit d'un décret ministé-
riel (2), — il eut l'heureuse idée, aux approches de la
récolte des pommes-de-terre, de les faire garder pendant
le jour par des agents de la maréchaussée, afin d'ir-
riter le désir par la défense, et occasionner pendant la
nuit des vols qui le comblaient de joie. Puis, il réunit à
un dîner de nombreux convives, parmi lesquels se trou-
vaient Franklin, Lavoisier et quelques autres notabi-
lités scientifiques de l'époque. Tous les comestibles et
les liqueurs servis se composaient de la pomme-de-
terre, multipliée sous une infinité de formes, à la vive
satisfaction de tous les invités, qui la témoignèrent par
action pendant le repas, et au dehors par de grands éloges. Le succès de toutes ces expériences fut décisif. La
révolution agricole, méditée par Parmentier, fut accom-
plie. La masse des céréales à consommer s'accrut de plus
d'un dixième : un nouveau monde fut conquis (3).

(1) La date de ces mémorables expériences ne se trouve dans aucune biographie Elles ont dû avoir lieu en 1787, époque à laquelle
Parmentier lut à la Société royale d'agriculture son Mémoire sur la
culture des pommes-de-terre aux plaines des Sablons et de Grenelle, ou après la désastreuse disette de 1785. Elles remontent à
l'année 1786 ou 1787.

(2) Il suffirait d'un généreux accord entre toutes les Sociétés d'a-
griculture et les Comices agricoles, pour réaliser le vœu de François
de Neuf-Château. M. le ministre de l'Agriculture et du Commerce
devrait prendre l'initiative de cette mesure patriotique, qui aurait
l'assentiment général.

(3) Parmentier dit : qu'une étendue de terrain qui rapporterait au
plus 30 boisseaux de légumes donne communément 300 livres de
pommes-de-terre ; qu'un arpent couvert de ces racines nourrit deux

Tant de bienfaits que ne saurait atténuer le fléau dont nous gémissons depuis quelques années, par suite, peut-être, d'une culture inintelligente, tant de droits à la re-

fois plus d'hommes que la même étendue de terrain semée en blé. D'après Dussieux, un arpent de sable un peu gras, planté de l'espèce *grosse-blanche*, équivaut à 6 arpents semés en avoine. Le comte Dandolo a obtenu le même résultat (Mémoires de l'Académie du Gard). Mais, il faut étudier le sol, le climat, avoir soin de bien ameublir la terre par deux ou trois labours, préférer les terrains secs et un peu élevés, changer, varier la semence au moyen de semis, bien amender le sol, planter à 25 ou 30 centimètres, biner avec soin, et enfin emmagasiner par un temps sec, ou après avoir laissé sécher les pommes-de-terre dans un local séparé. Un habitant du département du Gard en a obtenu plus de 300 variétés. Les départements du Nord en ont produit 24, que je m'abstiens d'énumérer ici, et dont la culture a été recommandée par la Société d'agriculture de Paris (1). Il y a donc un choix à faire. Le Gouvernement devrait, à l'instar de celui de Louis XVI, faire réimprimer et répandre le plus possible tous les ouvrages de Parmentier, qui traitent de la culture de la pomme de-terre, si justement appelée *le pain du pauvre* (2).

Comme moyen préventif de la maladie que l'on a, du reste, beaucoup exagérée, j'ai employé et vu employer le plâtre avec le plus grand succès. On roule d'abord les pommes-de-terre semences dans du plâtre sec ou délayé, suivant la saison. Il faut encore les plâtrer avant qu'elles soient en fleurs, ainsi qu'on le pratique pour les prairies artificielles. La chaux, le poussier, le sel, la coupe de la tige avec foulement, etc., etc., sont également de bons procédés. Les plantations faites de bonne heure et la culture à bras sont peut-être les meilleurs (3). Il est aujourd'hui reconnu que l'on peut planter la pomme-de-terre en automne. C'est un fait acquis à l'agriculture. On l'a constaté sur les points les plus froids du département de la Lozère, et M. de Chapelain, membre de la Société d'agriculture de Mende, a résumé, dans l'excellent bulletin publié par cette Société, une foule d'observations péremptoires à ce sujet.

(Voir le *Cours d'Agriculture* édité par M. Emile de Girardin, à la suite d'autres utiles publications, et le Cours complet de M. Ernest de Girardin (de Rouen).

(1) Mémoires de l'Académie du Gard.
(2) Expression de Cadet de Gassicourt.
(3) Mémoires de l'Académie du Gard.

connaissance nationale, semblaient désigner Parmentier
à l'adoption légitime du peuple, au premier début de l'ère
républicaine. Il n'en fut point ainsi malheureusement.
Comme on le proposait pour une place municipale, un
des électeurs s'y opposa en disant : *Gardons-nous en
bien ; il ne nous ferait manger que des pommes-de-terre ;
c'est lui qui les a inventées.* Cet avis prévalut, Messieurs,
grâce au funeste ascendant qu'usurpe parfois la sottise
à certaines heures de la vie des peuples, selon la remarque de Napoléon Ier.

Bientôt Parmentier subit le sort d'Aristide. Il perdit
sa pension, fut persécuté et jeté dans l'exil. Mais, grâce à
la disette et au manque de pain, le jour de la justice vint
de nouveau briller pour lui : il fut rappelé. Dès son
retour, le service des ambulances n'eut plus à souffrir,
et il vivifia tout, comme par le passé. Depuis cette ré-
paration tardive, la vie de Parmentier ne fut qu'un
long triomphe. Après le traité d'Amiens (1), qui rendit
le calme à l'Europe et permit au Premier Consul de ci-
catriser les plaies de la patrie, au moment où l'Instruction publique sortit de ses ruines et où nos Autels furent
relevés, il fut chargé de rétablir les communications
scientifiques avec l'Angleterre (2). Le succès qu'il obtint
dans cette délicate négociation, les efforts qu'il fit pour
cimenter l'union de deux peuples si bien faits pour s'en-
tendre, et imprimer une tendance humanitaire aux

(1) 25 mars 1802.
(2) Ce choix glorieux, indépendamment des autres faits rappelés
dans le cours de cet Eloge, suffirait seul pour réfuter les biographes
qui ont gratuitement doté Parmentier d'un caractère *morose, brus-
que et frondeur.* Son nom réveillera dans tous les pays, au contraire, l'idée du philanthrope par excellence, en théorie et en pratique, ce qui ne s'accorde pas toujours.

conférences qui eurent lieu, ne pouvaient être méconnus et rester en oubli. Peu de temps après, en effet, le Newton de l'agriculture, l'ami de Franklin, de Cadet de Vaux, de Lavoisier et de l'infortuné Lapeyrouse, dont il avait approvisionné la dernière flottille, devint successivement inspecteur général du service de santé des armées, administrateur des hôpitaux, où il introduisit d'importantes réformes, président du Conseil de salubrité de la Seine, directeur de l'hospice de la Maternité et de celui des Ménages, où 800 vieillards des deux sexes recevaient la nourriture et des soins, membre de toutes les sociétés d'agriculture françaises et étrangères, associé à l'Académie de Besançon et à l'Académie des sciences de Toulouse, et Officier de la Légion-d'Honneur, titres glorieux, relevés encore par celui qu'il possédait déjà de membre de l'Institut, où il ne cessa de cultiver, d'agrandir la science, et d'être, ainsi que dans la Grande-Bretagne, le zélé propagateur de la vaccine et de tout ce qui portait un caractère d'utilité. Comme Voltaire, il ne se délassait du travail que par le travail même ; mais plus heureux que lui, depuis qu'il fut couronné par l'Académie de Besançon, il dota chaque année le pays d'un ou plusieurs ouvrages, et tous furent inspirés par le désir de contribuer au bien-être de ses semblables.

C'est dans ces sentiments philanthropiques, dont tous les actes de sa vie furent empreints, qu'il mourut, peu de jours après les revers de cette grande armée, qui a rempli le monde de sa gloire, et qui le regardait comme un de ses bienfaiteurs (1), au milieu des bénédictions

(1) Il mourut à Paris le 17 décembre 1813. L'envahissement de la France avait eu lieu le 13. L'un des plus intéressants biographes de

du pauvre, accompagné des regrets des pieuses Sœurs,
qui partageaient ses travaux, de ceux de tous les Savants Français (1) et étrangers, et des larmes d'une
famille chérie, qui le citait avec orgueil comme un
modèle de piété filiale, d'amitié fraternelle, et de toutes
les vertus. Les paroles qu'il prononça peu de temps
avant sa mort, en s'adressant aux deux neveux qui lui
fermèrent la paupière, sont dignes de vous être rappelées, parce qu'elles prouvent plus de profondeur qu'on
n'en suppose communément à Parmentier : « Je vou-
» drais, dit-il, du moins, faire l'office de la pierre à
» aiguiser, qui ne coupe pas, mais qui dispose l'acier
» à couper. »

Tel fut Parmentier, Messieurs, tel fut cet homme de
génie, qui a vécu sous cinq gouvernements, et à qui il
fut donné de sortir pur de tous nos orages politiques.
« Une taille élevée et restée droite jusqu'à sa mort, une
» physionomie pleine d'aménité, un regard à la fois
» noble et doux, de beaux cheveux blancs comme la
» neige, semblaient faire de ce vénérable vieillard l'i-
» mage de la bonté et de la vertu (2). » Peut-il exister

Parmentier, M. Valentin, le représente succombant sous la douleur
de voir la France envahie par l'Etranger. Cette pensée est trop patriotique pour qu'en l'adoptant je n'en fisse pas hommage à son auteur.

(1) Un de nos savants les plus distingués, Cadet de Gassicourt,
prononça à cette époque, devant la Société de pharmacie, un remarquable éloge de Parmentier. En 1814, l'illustre Cuvier remplit le
même devoir au sein de l'Institut, avec plus de succès encore.
M. Sylvestre s'est placé près d'eux. Loin de moi la pensée coupable
d'avoir voulu lutter avec de pareils chefs-d'œuvre! J'ai cherché seulement, comme membre d'un Comice agricole, à payer la dette de
l'agriculture, autant qu'il était en moi, et dans le seul but de rassembler des matériaux pour une plume plus habile que la mienne.

(2) Dictionnaire historique, critique et bibliographique, par une
Société de gens de lettres.

pour la famille agricole une succession plus riche et plus
glorieuse? Sans doute, nous ne pouvons aspirer qu'au
rang des plus faibles disciples de Parmentier ; mais, que
sa vie honorable, dans laquelle on chercherait vainement
une lacune, soit toujours présente à nos souvenirs res-
pectueux. Dans ces jours d'épreuve, qui forment le tissu
de l'existence, prenons constamment Parmentier pour
notre guide inspirateur. Apprenons de lui à dédaigner
tout succès éphémère ou fécond en souvenirs amers, et
à diriger toutes nos méditations vers les arts utiles et
d'application. Animés de cet esprit de solidarité, qui est
la première loi du christianisme, occupons-nous sans relâ-
che des moyens d'améliorer le sort et de développer l'intelligence des classes ouvrières, premières assises de l'édi-
fice social. Rien ne doit nous coûter pour atteindre ce but,
autant par intérêt que par devoir. Imposons-nous donc
tous les sacrifices possibles pour ne laisser aucun bras
inoccupé et pour tarir toutes les larmes de la misère. Que
les serviteurs ruraux, dont nous avons chaque année de
nouveaux exemples de dévouement à signaler, soient l'objet de notre invariable sollicitude, et attachons-nous à
faire fleurir de plus en plus l'Agriculture par de bonnes
institutions de crédit et de prévoyance, par la réalisa-
tion complète de l'égalité des charges, par la naturalisa-
tion des progrès agricoles de nos voisins, et par des efforts
incessants, afin d'obtenir, au moins dans notre contrée,
cette uniformité de langage, qui est le premier échelon
à franchir pour arriver à l'unité de vues et de théories.
C'est ainsi que nous garantirons d'une manière immua-
ble le droit de propriété, première citadelle de la liberté;
c'est ainsi qu'au milieu d'écueils sans nombre, nous con-
tribuerons à prévenir le naufrage de la patrie. Bien des
nuages peuvent se lever sur l'horizon que nous avons à
parcourir. La coupe des amertumes de la vie est sans

fond. Mais, n'imitons pas les aveugles du monde moral. Etrangers à tout esprit de parti, libres de crainte comme d'ambition, ne perdons jamais de vue la haute destination de l'homme. Trouvons un encouragement dans les obstacles mêmes (1). Que l'injustice et la calomnie nous servent d'aiguillon ! Que le jour du malheur nous trouve prêts, et comme Parmentier, n'oublions point que la vie réelle réside dans l'assujettissement à la loi du devoir, dans l'abnégation de nous-mêmes, et dans un dévouement sans borne à la patrie et à l'humanité !

(1) Parmentier nous offre encore à ce sujet un bel exemple à suivre. Pendant sa captivité en Allemagne, réduit dans sa prison à une petite ration de pommes-de-terre, au lieu de se désoler comme ses camarades d'infortune, il s'attacha à découvrir, par des procédés chimiques, la nature et l'utilité de la précieuse solanée, qui lui servait de nourriture, afin de pouvoir un jour en doter la France.

FIN.

CATALOGUE

DES OUVRAGES

DE PARMENTIER

PAR ORDRE CHRONOLOGIQUE.

----

1. Traité de la châtaigne 1770
(V. la Bibl. agronomique imprimée en 1810.)
La France littéraire ne place qu'en 1780 la publication de cet ouvrage.
2. Mémoire sur les plantes alimentaires, etc., couronné
par l'Académie de Besançon; in-12 1772
3. Examen chimique des pommes-de-terre, dans lequel on traite des parties constituantes du froment et du riz; in-12. 1773
4. Récréations physiques, économiques et chimiques
de Model, premier apothicaire de l'impératrice
de Russie; trad. de l'Allemand, avec des observations et des additions. 2 vol. in-8º . . . 1774
5. Méthode facile pour conserver à peu de frais les
grains et les farines; broch. in-12. 1774
6. Analyse de la carie du froment, lue à la Société
royale de Médecine. 1776
7. Avis aux bonnes ménagères des villes et des campagnes, sur la manière de faire leur pain ; in-8º. 1777

8. Le parfait boulanger, ou Traité complet sur la
   fabrication et le commerce du pain ; in-8°. . . . 1778
9. Manière de faire le pain de pommes-de-terre sans
   mélange de farine; broch. 1779
      Depuis ce Mémoire, d'après le vœu exprimé
   par Parmentier, nos colonies sont parvenues à la
   panification des patates, des ignames, des girau-
   mons, des bananes, etc.
10. Mémoire sur les difficultés à vaincre dans l'analyse
   des eaux minérales ; broch. 1780
11. Recherches sur les végétaux nourrissants qui, dans
   les temps de disette, peuvent remplacer les ali-
   ments ordinaires, avec de nouvelles observations sur la culture des pommes-de-terre ; in-8°. 1781
12. Expériences et Réflexions relatives à l'analyse du
   blé et des farines ; in-8°. 1781
13. Remarques sur l'usage et les effets des champi-
   gnons. 1782
14. Recueil de pièces concernant les exhumations faites
   dans l'enceinte de l'église de St-Eloi de Dun-
   kerque. (Plusieurs souverains étrangers, frappés
   de l'importance de ce Mémoire, l'ont fait traduire
   et répandre dans leurs royaumes. Les Etats de
   Bourgogne le firent imprimer et distribuer dans
   leur province.) 1784
15. Mémoire sur le maïs, couronné par l'Académie
   royale de Bordeaux ; in-4°, imprimé par ordre
   du Roi. 1784
16. Instruction sur les moyens de suppléer à la disette
   des fourrages et d'augmenter la subsistance des
   bestiaux 1785
17. Chimie hydraulique de La Garaye, avec notes. . 1785
18. Mémoire sur les avantages du commerce des farines,
   substitué à celui des grains. 1785
19. Mémoire (en commun avec Cadet de Vaux) sur les
   blés du Poitou 1785
20. Dissertation sur la nature des eaux de la Seine et
   les propriétés de l'eau en général à Paris. . . 1787
21. Vues générales sur les eaux minérales de France. 1787
22. Observation sur les fosses d'aisance et moyens de

prévenir les inconvénients de la vidange. . . 1787

23. Mémoire sur la culture des pommes-de-terre aux
    plaines des Sablons et de Grenelle. 1787

24. Mémoire sur le chaulage, considéré comme préser-
    vatif de plusieurs maladies des froments . . 1787
          Imprimé par ordre du gouvernement.

25. Mémoire sur les moyens d'augmenter la valeur
    réelle des blés mouchetés. 1787
          Imprimé par ordre du gouvernement.

26. Mémoire sur la manière de cultiver et d'employer
    le maïs comme fourrage. 1787

27. Avis aux habitants des villes et des campagnes de
    la province de Languedoc sur la manière de trai-
    ter leurs grains et d'en faire du pain. . . . 1787

28. Avis aux cultivateurs dont les récoltes ont été rava-
    gées par la grêle. 1788

29. Mémoire sur les avantages qui résulteraient, pour
    la multiplication des animaux domestiques, d'é-
    tendre la culture en grand des racines potagères. 1788

30. Traité sur la culture et les usages des pommes-de-
    terre, de la patate et du topinambour. . . . 1789

31. Mémoire sur les avantages que la France peut re-
    tirer de ses grains. 1789

32. Moyens pour perfectionner en France la meûnerie
    et la boulangerie 1789

33. Discours prononcés a l'ouverture de l'Ecole de bou-
    langerie 1789

34. Instruction sur la conservation et les usages de la
    pomme-de terre 1789
          Publié par ordre du Roi.

35. Economie rurale et domestique. 8 vol. 1790
36. Mémoire sur les semailles. 1790
37. Mémoire (en commun avec Deyeux) sur les pro-
    priétés physiques et chimiques, la nature des
    laits de femme, de vache, de chèvre, d'ânesse,
    de brebis et de jument ; couronné par la Société
    royale de médecine. 1790

38. Mémoire (en commun avec Deyeux) sur la nature
    des altérations que le sang éprouve dans les ma-
    ladies inflammatoires, dans les maladies fébri-

les, putrides, et dans le scorbut ; couronné par
la Société de médecine. 1791

39. Mémoire sur la nature et la manière d'agir des engrais 1791

40. Analyse de la patate, lue à l'Académie des Sciences
de Toulouse. 1792

41. Formulaire pharmaceutique à l'usage des hôpitaux
militaires de la France, rédigé par le conseil de
santé de l'armée 1793

42. Mémoire sur les salaisons 1793

43. Avis sur la préparation et la forme à donner au
biscuit de mer 1795

44. Eloge historique de Bayen , imprimé en tête de ses
œuvres 1798

45. Précis d'expériences et d'observations sur les diffé-
rentes espèces de laits , considérées dans leurs
rapports avec la chimie , la médecine et l'économie rurale. 1798

46. Rapport sur le pain des troupes. 1800

47. L'art de faire les eaux-de-vie, d'après Chaptal. . 1801

48. Rapport au ministère de l'intérieur : 1º sur l'in-
oculation de la vaccine gratuite aux indigents ;
2º sur les soupes de légumes, dites à la Rumfort;
3º sur la substitution de l'orge mondé au riz ,
avec des observations sur les soupes aux légumes. (La Bibliographie agronomique le place en
1804.) 1802

49. Instruction sur les moyens d'entretenir la salubrité
et de purifier l'air des salles dans les hôpitaux
militaires. (Les fumigations d'acide muriatique
oxigéné , indiquées dans ce Mémoire , peuvent
aussi servir pour purifier les étables des bestiaux,
infectées de quelques maladies contagieuses. . 1803

50. Vues générales sur la méthode de gouverner les
vins en tonneaux et en bouteilles. 1805

51. Nouvelle édition du théâtre d'agriculture d'Olivier
de Serres (avec notes). 1804

52. Mémoire sur les clôtures , lu à la séance publique
de la Société d'agriculture de la Seine. . . . 1805

53. Code pharmaceutique à l'usage des hospices civils,

des secours à domicile et des prisons 1807
(La France littéraire le place en 1811.)

54. Vues générales de l'eau, considérée comme boisson
des troupes. Parmentier indique dans cet ouvrage les moyens de désinfecter les eaux par
l'intermède du charbon, et de leur rendre de
l'air par l'agitation, afin de les approprier à la
boisson des troupes. Il démontre en outre qu'il
suffit de soumettre les matières à une fermenta-
tion graduée et convenable pour obtenir de bon
pain, de bonne bière et de forte eau-de-vie de
grains avec toutes sortes d'eaux 1807

55. Dictionnaire universel d'agriculture (en commun
avec Rozier ; 12 vol. in-4°. (La première édition
est de 1796). . . . . 1805 ou 1807

56. Instructions sur les sirops et conserves de raisins
destinés à remplacer le sucre 1808
(2ᵉ Édition en 1809, sous un autre titre ; 5ᵉ
édition en 1810.)

57. Aperçu des résultats obtenus de la fabrication des
sirops et de conserves de raisins dans le cours des
années 1810 et 1811 1812

58. Aperçu des résultats obtenus de la même fabrication pendant l'année 1812 1813

59. Le Journal de physique, les Mémoires de la Société royale d'agriculture, l'Encyclopédie mé-
thodique, la Feuille du cultivateur, le Journal
de pharmacie, les Mémoires de l'Institut, et
plusieurs feuilles publiques estimées se sont en-
richies des travaux de Parmentier.
(V. les p. 13, 14 de l'Éloge.)